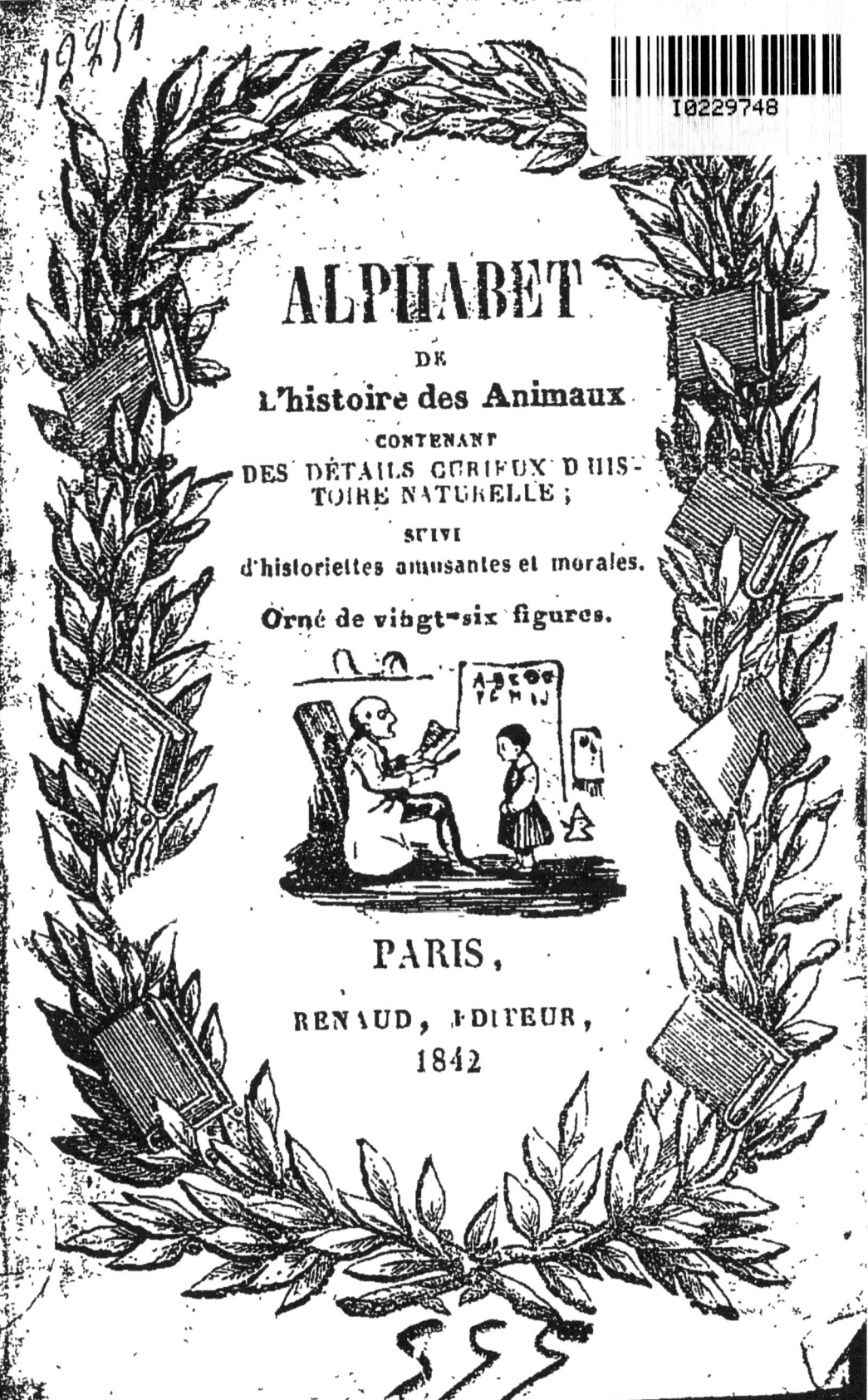

ALPHABET
DE
L'histoire des Animaux
CONTENANT
DES DÉTAILS CURIEUX D'HISTOIRE NATURELLE;
SUIVI
d'historiettes amusantes et morales.

Orné de vingt-six figures.

PARIS,
RENAUD, ÉDITEUR,
1842

ALPHABET.

ALPHABET

DE

L'HISTOIRE DES ANIMAUX;

SUIVI

d'historiettes amusantes et morales.

PARIS,

B. RENAULT, ÉDITEUR.

—

1842.

Imp. de Moquet et Hauquelin, r. de la Harpe, 90.

ALPHABETH.

LETTRES CAPITALES.

G H

I J

K L

M N

O P

R

S T

U V W

X Y Z

Minuscules.

a b c d e
f g h i j k
l m n o p
q r s t u v
x y z.

Minuscules Romaines.

a b c d e f g h i j k l m
n o p q r s t u v x y z.

Majuscules italiques.

A B C D E F G H I
J K L M N O P Q R
S T U V X Y Z.

Alphabets intervertis.

Z Y X W V U T S R
Q P O N M L K J I H
G F E D C A

z a y b x c w d v e u f t g
h r i s q j p k o l n m

ITALIQUES.

m n l o k p j q i r h s g t f u e v d c y b z a x

Voyelles.

a e i ou y o u.

Consonnes.

b c d f g h j k l m n p q r s t v w x z.

Voyelles diphtongués et triphtongues.

ai, aiu, ieu, iu, iou, oi, oy, oui.

Les Voyelles accentuées sont :
Aiguë. . . . . é
Graves. . . . à è ì ò ù
Circonflexes. . â ê î ô û
Tréma. . . . ä ë ï ö ü

Syllabes.

ba	be	bé	bè	bê
bi	bo	bu	bâ	bû
pe	pé	pè	pê	pi
po	pu	pâ	pa	py
ce	cé	cè	cê	ci
cy	co	ca	cu	câ
ka	ki	ky	ko	qui qué

jo	ju	ja	je	jé
di	do	dy	du	de
da	dé	dê	dè	dô
ta	ti	to	ty	tu
te	tâ	té	tô	tê
fu	fâ	fe	fa	fé
fè	tê	fi	fo	va
vo	vi	vu	ve	vé
vê	le	la	lé	lè
lo	li	ly	lu	lâ
re	ri	ro	ry	ru
râ	ra	ré	rê	rô
me	mé	mè	mê	mi

mo	my	mu	mâ	ma
ne	ni	no	nu	ne
na	né	su	sa	se
sé	sè	si	so	sy
zé	zo	zè	zu	ze
zi	za	zy	xa	xé
cha	che	châ	ché	chè
chi	chê	cho	chu	chy
phi	phe	pha	pho	phé
phè	phy	gna	gné	gno
veu	dou	rue	tie	tan
tïn	ron			

LETTRES DOUBLES.

ET LIÉES ENSEMBLE.

æ	œ	fi	ffi
w	ff	fl	ffl
œ	*œ*	*fi*	*ffi*
w	*ff*	*fl*	*ffl*

Œil.	Œuf.
Bœuf.	Figure.
Office	Soufle.
Affaire.	Wisk.
Affluer.	Wiski.

bu	bu-ri	bu-ri-ne
su	su-tu	su-tu-re
ci	ci-go	ci-go-gne
li	li-ma	li-ma-ce
ri	ri-va	ri-va-ge
ri	ri-bo	ri-bo-te
fa	fa-vo	fa-vo-ri
pi	pi-lo	pi-lo-ri
ho	ho-no	ho-no-re
hu	hu-mi	hu-mi-de
u	u-ka	u-ka-se
cu	cu-ba	cu-ba-ge
ba	ba-ga	ba-ga-ge
fa	fa-go	fa-go-te
ki	ki-o	ki-os-que
fa	fa-mi	fa-mi-ne

ba	ba-bi	ba-bi-ne
la	la-pi	la-pi-ne
ja	ja-la	ja-la-de
ma	ma-la	ma-la-de
pa	pa-ra	pa-ra-de
ra	ra-pi	ra-pi-ne
sa	sa-la	sa-la-de.

MOTS FACILES A ÉPELER.

Pa-pa, *papa.* Ca-ve, *cave.*
Mi-di, *midi.* A-mi *ami.*
Ra-ce. *race.* Pa-ri, *pari.*
Mi-mi, *mimi.* Ra-re *rare.*
Mo-re, *more.* Ma-ri, *mari.*
Ra-ve, *rave.* Lo-ge, *loge,*
Jo-li, *joli.* Ri-ve *rive.* Pi-le, *pile.*

Po-li, *poli*. Ro-me, *rome*.
Ca-ge, *cage*. Lu-ne, *lune*.
Da-me, *dame*. La-me, *lame*.

MOTS PLUS DIFFICILES A ÉPELER.

ha	ha-la	ha-la-ge
hâ	hâ-ti	hâ-ti-ve
ca	ca-ba	ca-ba-ne
ca	ca-ver	car-ver-ne
ga	ga-vo	ga-vo-te
ki	ki-ri	ki-ri-é
ta	ta-pa	ta-pa-ge
va	va-li	va-li-de
mo	mo-na	mo-na-de
po	po-ta	po-ta-ge
to	to-pa	to-pa-se
so	so-no	so-nore

—Ai-mer | Dieu | de | tout | son | de | tout | son | es-prit, | de | tou-te son | ame, | de | toutes | ses | forces, et | son | pro-chain | com-me | soi | mê-me | pour | l'a-mour | de | Dieu; ce | n'est | pas | un | conseil, | c'est | un | pré-ce-pte; | c'est | le | pre-mier commandement | de | la | loi; | c'est l'a-bré-gé | de | tou-te | la | mo-ra-le é-van-gé-li-que, | de | tou-tes | les | le-çons | de | Jé-sus-Christ.

— Soit | que | vous | man-giez, | soit | que | vous | bu-viez, | quel-que cho-se | que | vous | fas-siez, | fai-tes-le | pour | la | gloi re | de | Dieu.

— Dieu | ré-si-ste | aux | su-per-bes | et | do-nne | sa | grâ-ce | aux | hum-bles.

— La | crain-te | du | Sei-gneur | est | le | com-men-ce-ment | de | la | sa-ge-sse.

— J'ai | vé-cu | cent | ans, | di-sait Fon-te-ne-lle, | et | je | mour-rai | a-vec | la | con-so-la-tion | de | n'a-voir ja-mais | do-nné | le | plus | pe-tit ri-di-cu-le | à | la | plus | pe-ti-te ver-tu.

—La | va-ni-té | de | l'ho-mme | est la | sour-ce | de | ses | plus | gran-des pei-nes; | et | il | n'y | a | per-so-nne à | qui | e-lle | ne | do-nne | en-co-re plus | de | cha-grin | que | de | plai-sir.

— L'a-mour | pro-pre, | est | un ba-llon | plein | de | vent. | Faites | y u - ne | pi- qû-re | il | en | sor - ti-ra des | tem-pê-tes.

—L'é-cri-tu-re | sain-te | a -pprend que | l'oi-si-ve-té | est | la | mè-re | de tous | les | vi-ces.

— La | re-li-gion, | co-mme | l'a

très | bien | dit | d'A-gue-sseau ; | est la | vraie | phi-lo-so-phie.

— Vou-lez | vous, | dit | Pas-cal, qu'on | di-se | du | bien | de | vous ? n'en | di-tes | point.

— Le | so-leil | ni | la | mort | ne peu-vent | se | re-gar-der | fi-xe-ment.

—Il | n'y | a | rien | de | si | ca-lo-mni-é, | que | le | temps ; | tan-tôt on | lui | re-pro-che | sa | vî-te-sse et | tan-tôt | sa | len-teur ; | sa | mar-che | est | ter-ri-ble | car | e-lle | est ir-ré-vo-ca-ble | et | me-su-rée, | vo-tre | œil | n'en | peut | a-per-ce-voir le | mou-ve-ment | im-per-cep-ti-ble sur | le | ca-dran | qui | la | tra-ce ; mais | son-gez | que | ce-tte | ai-gui-lle | qui | vous | pa-raît | im-mo-bi-le mar-che | toujours, | qu'e-lle | ne s'ar-rê-te | point | qu'e-lle | ne | ré-tro-gra-de | ja-mais !.... (madame de Genlis.)

La vie hu mai ne est sem bla ble à un che min dont l'i ssue est un pré cipi ce af freux : on nous en a ver tit dès le pre mier pas, mais la loi est pronon cée, il faut a van cer tou jours, je vou drais re tour ner sur mes pas, marche, mar che. Un poids in vin cible, u ne for ce in vin ci ble nous en traîne ; il faut sans ce sse a van cer vers le pré ci pi ce. (Bossuet.)

U ne ad mi ra ble pro vi den ce se fait re mar quer dans les nids des oi seaux. On ne peut con tem pler sans être atten dri ce tte bon té di vi ne qui donne l'in du strie au fai ble et la pré voyan ce à l'in sou ciant. (Châteaubriand.)

— Ce lui qui craint Dieu ho no re ra son pè re et sa mè re, et il ser vi ra co mme ses maî tres ceux qui lui ont do nné la vie.

— Ce lui qui ho no re son pè re trouve ra sa joie dans ses en fants, et il se ra e xau cé au jour de sa pri è re.

— Ce lui qui ho no re sa mè re est

comme un homme qui a masse nn tré sor.

— Gardez la fidélité à votre ami pendant qu'il est pauvre.

— Le pauvre qui se suffit à lui même vaut mieux qu'un homme glorieux qui n'a point de pain.

— Partout où l'on travaille, là est l'abondance.

— Le silence est le parti le plus sûr pour celui qui se défie de lui même. (Larochefoucaud.)

— Le désir de paraître habile empêche souvent de le devenir.

— L'hypocrisie est un hommage que le vice rend à la vertu:

— On ne peut être juste, si on n'est humain.

— Nos plus sûrs protecteurs sont nos talents.

— Les méchants sont toujours surpris de trouver de l'habileté dans les bons.

— Les gran des pen sées vien ne du cœur.

— Le fruit du travail est le plus dou des plai sirs.

— La ja lou sie est le plus grand (tous les maux, et ce lui qui fait le moir de pi tié.

SIGNES OBTOGRAPHIQUES.

parenthèse () guillemets («»
tréma (¨)   cédille (¸)
apostrophe (')

PONCTUATION.

virgule (,) point et virgule (;)
deux points (:) un point (.)
point d'admiration ou d'exclamation (!) point d'interrogation (?)

trait d'union (-) de sépara-
tion (—)

ACCENS.

aigu (é)   grave (è)
circonflexe (ê)

VOYELLES AVEC ET SANS ACCENS.

a (bref) babil, canif, fatigue.
à (grave) c'est à Paris à Lyon, à Rome.
â (long) bâ-ton, châ-lons, mât.
e (muet) hom-me, li-vre, fou-le
é (aigu ou fermé) ai-mé, é-tran-ge, pi-é-té.
e (moyen ou bref) le, che-val, re-pen-tir.
è (grave ou ouvert) pè-re, frè-re, succès.

ê (long) fé-te, hon-nê-te, té-te.
i (bref) her-mi-te, bi-se, ta-rif
î (long) gî-te, dî-me.
o (bref) dé-vo-te, vo-tre a-mi.
ô (long) a-pô-tre. le vô-tre.
u (bref) but-te, chu-te, ton-du.
û (long) flû-te, vin du crû, ton-dû.

PRIÈRES.

Au nom du Père, et du Fils, et du Saint-Esprit. Ainsi soit-il.

L'oraison dominicale.

Notre père, qui êtes aux cieux, que votre nom soit sanctifié; que votre règne arrive; que votre volonté soit faite en la terre comme au ciel : donnez-nous aujourd'hui notre pain quotidien; pardonnez-nous nos offenses comme nous pardonnons à ceux qui nous ont offensés, et ne nous laissez pas succomber à la tentation; mais délivrez-nous du mal. Ainsi soit-il.

La salntation angélique.

Je vous salue, Marie, pleine de grâce; le Seigneur est avec vous; vous êtes bénie entre toutes les femmes, et Jésus, le fruit de vos entrailles, est béni. Sainte Marie, mère de Dieu, priez pour nous, pauvres pécheurs, maintenant et à l'heure de notre mort. Ainsi soit-il.

Ave, Maria, gratiâ plena, Dominus tecum, benedicta tu in mulieribus, et benedictus fructus ventris tui, Jesus.

Sancta Maria, mater Dei, ora pro nobis peccatoribus, nunc et in horâ mortis nostræ. Amen.

ACTES DES VERTUS THÉOLOGALES.

Acte de Foi.

Mon Dieu, je crois fermement tout ce que la sainte église catholique, apostolique et romaine m'ordonne de croire, parce que c'est vous, ô vérité infaillible! qui le lui avez révélé.

Acte d'Espérance.

Mon Dieu, j'espère avec une ferme

confiance, que vous me donnerez, par les mérites de Jésus-Christ, votre grâce en ce monde; et si j'observe vos commandements, votre gloire en l'autre, parce que vous me l'avez promis, et que vous êtes fidèle dans vos promesses.

Acte de Charité.

Mon Dieu, je vous aime de tout mon cœur, de tout mon esprit, de toute mon âme, de toutes mes forces, et pardessus toutes choses, parce que vous êtes infiniment bon, infiniment aimable; et j'aime mon prochain comme moi-même pour l'amour de vous.

Acte de Contrition.

Mon Dieu, j'ai un extrême regret de vous avoir offensé, parce que vous êtes infiniment bon, infiniment aimable, et que le péché vous déplaît; pardonnez-moi par les mérites de Jésus-Christ; je me propose, moyennant votre sainte grâce, de ne plus vous offenser et de faire pénitence.

Évangile selon Saint-Jean.

Au commencement était le Verbe, et le Verbe était Dieu. Il était au commencement en Dieu. Toutes choses ont été faites par lui, et rien de ce qui a été fait, n'a été fait sans lui. La vie était en lui, et la lumière des hommes, et la lumière luit dans les ténèbres, et les ténèbres ne l'ont point comprise. Il y eut un homme envoyé de Dieu, qui s'appelait Jean. Il vint pour servir de témoin, pour rendre témoignage à la lumière, afin que tous crussent par lui. Il n'était pas la lumière, mais il était venu pour rendre témoignage à la lumière. La véritable lumière était celle qui éclaire tout homme venant en ce monde. Il était dans le monde, et le monde a été fait par lui, et le monde ne l'a point connu. Il est venu dans son propre héritage, et les siens ne l'ont point reçu.

Mais il a donné le pouvoir de devenir enfants de Dieu à tous ceux qui l'ont reçu, et qui croient en son nom, et qui ne sont pas nés du sang, ni des désirs de la chair, ni de la volonté de l'homme, mais de Dieu. ET LE VERBE A ÉTÉ FAIT CHAIR, et il a habité parmi nous (et nous avons vu sa gloire telle que celle du fils unique du Père), étant plein de grâce et de vérité.

Prière du matin.

O Seigneur, je te remercie de ce que tu m'as gardé pendant la nuit; garde-moi, garde-moi aussi pendant le jour; je te prie; je tâcherai de me souvenir que tu es toujours près de moi, et alors je n'aurai peur de rien, que de t'offenser. Bénis, ô mon Dieu, mes parents et tous ceux que j'aime. C'est au nom de ton Fils Jésus-Christ que je t'invoque.

Prière du soir.

O mon Dieu, je ne veux pas me coucher sans t'avoir demandé ta bénédiction. Tu as été bien bon pour moi aujourd'hui, et pourtant je sens que j'ai commis plusieurs fautes. Pardonne-les moi, Seigneur. Je tâcherai d'être plus sage demain. Je vais à présent m'endormir en pensant que tu me garderas pendant mon sommeil. C'est au nom de ton Fils Jésus-Christ que je t'invoque.

Le Symbole des Apôtres.

Je crois en Dieu, le pè-re Tout-Puis-sant, Cré-a-teur du Ciel et de la Terre, et en Jésus-Christ, son Fils u-ni-que, no-tre Sei-gneur, qui a été con-çu du Saint-Esprit, est né de la Vi-er-ge Ma-rie, a souffert sous Pon-ce Pi-la-te, a é-té cru-ci-fié ; est mort, a é-té en-se-ve-li, est des-cen-du aux enfers, est res-sus-ci-té d'en-tre les morts le troi-si-è-me jour, est mon-té aux Cieux, est as-sis à la droite de Dieu, le pè-re Tout-Puissant, d'où il vi-en-dra ju-ger les vi-vants et les morts.

Je crois au Saint-Es-prit, à la Sainte E-gli-se Ca-tho-li-que, à la com-mu-ni-on des Saints, à la ré-mis-si-on des pé-chés, à la ré-sur-rec-tion de la chair, et à la vie é-ter-nel-le. *Ainsi soit-il*.

Le Confiteor.

Je me confesse à Dieu, Tout-Puissant, à la bienheureuse Marie, toujours Vierge, à Saint Michel, Archange, à Saint Jean-Baptiste, aux Apôtres Saint Pierre et Saint Paul, à tous les Saints, et à vous, mon Père, que j'ai beaucoup péché, par pensées, par paroles et par actions : c'est ma faute, c'est ma faute, c'est ma très-grande faute. C'est pourquoi je supplie la bienheureuse Marie, toujours Vierge, Saint Michel, Archange, Saint Jean-Baptiste, les Apôtres Saint Pierre et Saint Paul, tous les Saints, et vous, mon Père, de prier pour moi le Seigneur notre Dieu.

Acte d'Offrande.

Mon Dieu, voilà ce cœur qui, par votre grâce, a conçu de saintes résolutions : je vous les présente afin que vous les bénissiez et que je les accomplisse pour votre plus grande gloire. Faites-moi la grâce de connaître votre sainte volonté, et disposez entièrement de la mienne. Je vous offre mes pensées, mes paroles et mes actions. Oui, mon Sauveur, je proteste d'employer tout ce que je puis à votre service : tout est à vous, tout vient de vous, et je mets tout sous votre sainte et adorable providence : je vous demande seulement votre amour, et la grâce de plutôt mourir que de vous offenser mortellement.

Oraison à la Sainte Vierge.

Très-sainte Vierge, priez, s'il vous plaît, notre Seigneur Jésus-Christ pour moi, afin que toutes mes pensées, paroles et actions de ce jour, et de toute ma vie, lui soient agréables.

Oraison à son bon Ange.

Mon bon Ange, continuez, s'il vous plaît, vos charitables soins : inspirez-moi la volonté de Dieu en toutes les œuvres de cette journée, et me conduisez dans le sentier qui mène à la vie éternelle.

Les Comınandements de Dieu.

Un seul Dieu tu adoreras
Et aimeras pafaitement.
Dieu en vain tu ne jureras,
Ni autre chose pareillement.
Les Dimanches tu garderas,
En servant Dieu dévotement.
Tes Pères et Mères honoreras,
Afin de vivre longuement.
Homicide point ne seras,
De fait, ni volontairement.
Luxurieux point ne seras,
De corps ni de consentement.
Le bien d'autrui tu ne prendras,
Ni retiendras à ton escient.
Faux témoignage ne diras,
Ni mentiras aucunement.
L'œuvre de chair ne désireras,
Qu'en mariage seulement.
Biens d'autrui ne convoiteras,
Pour les avoir injustement.

Les Commandements de l'Eglise.

Les Fêtes tu sanctifieras,
Qui te sont de commandement.
Les Dimanches la Messe ouïras,
Et les Fêtes pareillement.
Tous tes péchés confesseras,
A tout le moins une fois l'an.
Ton Créateur tu recevras,
Au moins à Pâques humblement.
Quatre tems, Vigiles jeûneras,
Et le Carême entièrement.
Vendredi chair ne mangeras,
Ni le Samedi mêmement.

CHIFFRES.

ROMAINS.	ARABES.	DÉSIGNATION.
I	1	Un.
II	2	Deux.
III	3	Trois.
IV	4	Quatre.
V	5	Cinq.
VI	6	Six.
VII	7	Sept.
VIII	8	Huit.
IX	9	Neuf.
X	10	Dix.
XI	11	Onze.
XII	12	Douze.
XIII	13	Treize.
XIV	14	Quatorze.
XV	15	Quinze.
XVI	16	Seize.
XVII	17	Dix-sept.
XVIII	18	Dix-huit.
XIX	19	Dix-neuf.
XX	20	Vingt.

ROMAINS.	ARABES.	DÉSIGNATION.
XXX	30	Trente.
XL	40	Quarante.
L	50	Cinquante.
LX	60	Soixante.
LXX	70	Soixante-dix.
LXXX	80	Quatre-vingt.
XC	90	Quatre-vingt-dix.
C	100	Cent.
CC	200	Deux cents.
CCC	300	Trois cents.
CD	400	Quatre cents.
D	500	Cinq cents.
M	1000	Mille.

TABLE DE MULTIPLICATION.

2 fois	2 font	4	3 fois	3 font	9
2	3	6	3	4	12
2	4	8	3	5	15
2	5	10	3	6	18
2	6	12	3	7	21
2	7	14	3	8	24
2	8	16	3	9	27
2	9	18	3	10	30
2	10	20	3	11	33
2	11	22	3	12	36
2	12	24			
4 fois	4 font	16	7 fois	7 font	49
4	5	20	7	8	56
4	6	24	7	9	63
4	7	28	7	10	70
4	8	32	7	11	77
4	9	36	7	12	84
4	10	40	8 fois	8 font	64
4	11	44	8	9	72
4	12	48	8	10	80
5 fois	5 font	25	8	11	88
5	6	30	8	12	96

(41)

5	7	35	9 fois 9 font	81
5	8	40	9	10	90
5	9	45	9	11	99
5	10	50	9	12	108
5	11	55	10 fois 10 font	100
5	12	60	10	11	110
6 fois 6 font	36	10	12	120
6	7	42	11 fois 11 font	121
6	8	48	11	12	132
6	9	54	12 fois 12 font	144
6	10	60		
6	11	66		
6	12	72		

L'Aigle noir commun, beaucoup plus petit que l'aigle doré, se trouve en Europe et dans l'Amérique septentrionale, où il fait sa pâture des lièvres, des oiseaux, des poissons, des serpens; il niche sur le sommet des grands arbres au bord des fleuves, et y élève tous les ans deux ou

Le Butor est une espèce de héron. Le nom donné à cet oiseau tire son origine des sons effrayants qu'il fait entendre comme signal de rappel au temps des amours. Ces sons plus forts et plus perçants que ceux du taureau sont répétés par les échos à plus d'une demi lieue de distance.

Outre la force, la vitesse et la légèreté, le CHIEN a par excellence toutes les qualités intérieures qui peuvent fixer les regards de l'homme. Avant de faire usage de ses talents, il attend avec soumission le commandement de son maître. Plus sensible au souvenir des bienfaits qu'à celui des outrages, il ne se rebute pas par les

Le Dromadaire est supérieur aux autres ruminants pour l'intelligence; il égale au moins le bœuf pour la patience et la résignation. Sa vue est énergique et son odorat est excellent, il sent l'eau de plus d'une demi-lieue. La structure de son estomac lui permet de supporter la faim et la soif.

L'ELEPHANT surpasse en grosseur tous les quadrupèdes connus. Sa tête est monstrueuse, ses oreilles sont longues, larges et épaisses. Ses yeux, quoique grands, paraissent petits, proportionnellement au reste du corps, mais ils sont vifs et spirituels. Son nez, qu'on appelle trompe, est une espèce de tuyau flexible en tous les sens, et assez long pour toucher à terre.

La Fouine est un peu plus petite que la marte. Cet animal est répandu par toute l'Europe et se trouve également dans une partie de l'Asie. Il se tient à portée des habitations où il fait de grands ravages dans les poulaillers. Aussi est-il redouté dans les campagnes autant que le renard avec lequel il a des ressemblances de mœurs.

La Grenouille a une taille légère, une attitude gracieuse, des mouvements prestes et des couleurs agréables, nuancées par un beau vernis. Ses yeux sont entourés d'un cercle couleur d'or. Le dessus de son corps est d'un vert foncé, et le dessous blanc.

H Le Hibou ou chouette est un oiseau de nuit qui ne pourait supporter la vive clarté du jour, tant sa vue est sensible; aussi il fuit la lumière pour se retirer dans d'obscurs réduits. Quand la nuit est venue ils en sortent pour surpendre de petits oiseaux endormis; il vit également de rats, de souris, de mulots et de taupes.

L'Ibis est un oiseau qui fréquente les endroits marécageux. Il fait sa nourriture habituelle de serpents et autres reptiles. Les Égyptiens l'avaient en grande vénération, parce qu'il en purgeait leur pays et devenait pour eux un auxiliaire naturel et précieux contre les atteintes mortelles d'un ennemi.

Le Jabiru est une espèce de Cigogne. Cet oiseau est entièrement blanc avec le cou nu et noir. Il porte un collier rouge et ses pieds sont noirs. Il est très-silencieux; le seul bruit qu'il fait entendre est celui qui résulte d'un battement des mandibules de son bec l'une contre l'autre.

Le Kanguroo est un animal de la Nouvelle-Hollande. Il a la queue presqu'aussi longue que le corps; la femelle porte comme la Sarigue, une sorte de poche. Pour s'élancer, il s'appuie à la fois sur sa queue et sur ces pattes de derrière et fait des bonds rapides qui le mette bientôt loin des poursuites du chasseur.

La Lyre, autrement appelée Menure Porte-Lyre est de la taille d'un Faisan. Ce qui distingue le mâle et le rend l'un des plus beaux oiseaux de la Nouvelle-Hollande, c'est la forme de sa queue composée de seize pennes et figurant très bien une lyre. Cet oiseau vit dans les cantons rocailleux et les montagnes.

Le Mouton est un animal domestique du genre des ruminants. La laine qu'il porte sur son corps sert à la confection des vêtements de l'homme et sa chair lui offre une excellente nourriture. Le mouton était d'abord bélier et le mâle de la brebis. Cet animal est commun dans les deux hémisphères et présente plu-

Le Nandou, autrement nommé *Rhea*, est du genre des oiseaux coureurs, une espèce d'Autruche. Il n'est guère moins agile que celui-ci, et il est rare que le meilleur cheval puisse le devancer à la course. Dans la marche paisible, il a une allure grave et majestueuse.

L'Ours est non-seulement sauvage, mais solitaire; il fuit par instinct toute société. Quoiqu'il paraisse doux pour son maître, lorsqu'il est apprivoisé, il faut toujours s'en défier. On lui apprend à se tenir debout, à gesticuler, à danser; il semble même écouter le son des instruments, et suivre grossièrement la mesure.

La Panthere a le regard cruel, les mouvements brusques et l'air inquiet. Sa langue est rude, et ses mâchoires sont armées de dents fortes et aiguës. Sa peau, fauve sur le dos et blanchâtre sous le ventre, est parsemée de grandes taches noires circulaires ou ovales, bien séparées les unes des autres. Cet animal habit les forêts touffues.

Le Quereiva, nommé aussi par les naturalistes Cotingo est un oiseau qui vit d'insectes. Cet oiseau, dont le caractère sauvage, défiant et taciturne, ne répond ni au luxe ni à l'éclat de sa robe, n'a encore été trouvé que dans les régions méridionales de l'Amérique; il y vit solitaire et se tient de préférence dans les lieux humides et ombragés.

Le RENARD est fameux par ses ruses, et mérite en partie sa réputation. Ce que le loup ne fait que par la force, le renard le fait par adresse; ses ressources semblent être en lui-même. Fin autant que circonspect, ingénieux et prudent même jusqu'à la patience, il a des moyens de réserve qu'il sait n'employer qu'à propos.

S Il y a un nombre infini d'espèces de singe. La forme de quelques uns de ces animaux a beaucoup de rapport avec celle de l'homme, dont ils cherchent a imiter les mouvements. Mais là se borne toute leur ressemblance avec le maître de la terre, car l'intelligence du du singe est loin d'approcher de l'instin et de certains animaux tels que l'éléphant et le

T

La Tortue terrestre a la couverture supérieure des plus bombées. Les couleurs dont elle est variée la rendent très agréable à la vue. Les lames qui revêtent les deux couvertures sont noires; le centre présente une tache jaune, d'où partent plusieurs rayons de la même couleur.

L'URSON est une espèce du genre porc-épic. Sa taille est de deux pieds environ, sans comprendre sa queue qui a huit pouces; son corps est couvert de piquants annelés de blanchâtre et de noirâtre ou de brun; ces piquants sont en partie cachés dans de longs poils bruns ou rougâtres assez rudes.

La Vache est la femelle du taureau. C'est un animal domestique des plus utiles à l'homme. On sait l'usage précieux que l'on fait du lait que l'on extrait de ses mamelles. La vache est en outre très utile pour les travaux du laboureur et sa chair est aussi bonne que celle du bœuf pour l'alimentation.

Le Wapiti est une espèce du genre du cerf. Cet animal vit en famille, marié à une seule femelle, qui met bas deux petits au mois de juillet. Pris jeune, le Wapiti s'aprivoise aisément; les Indiens le dresse à tirer le traîneau. Pour indiquer un grand âge, les Indiens disent : vieux comme un Wapiti.

Le Xandarus ou bubale, vache de Barbarie du genre des Antilloses, cet animal ressemble assez à une petite vache, puisqu'on ait pu lui en donner le nom. Il s'apprivoise aisément et pait avec les bœufs. On le trouve dans le nord de l'Afrique et on pense qu'il a été domestique chez les anciens Egyptiens.

Le Yagarondi est un genre de chat, ayant des ongles crochus, tranchants et qu'un mécanisme particulier rend naturellement relevé vers le ciel quand cet animal ne veut pas s'en servir. Le nombre de leurs doigts de 5 par devant et de 4 par derrière ; la grandeur, la couleur des poils et de la queue désignent les diverses espèces.

Le Zebu est une variété du bœuf domestique, qui en diffère par une loupe graisseuse sur le dos. — En Asie et en Afrique, on l'attèle comme le cheval. Par la forme et la longueur de ses jambes, il est plus léger que le bœuf et a plus de docilité.

DE L'AMOUR DE LA PATRIE.

L'on a beaucoup écrit de choses sur l'amour de la patrie et le patriotisme. Cependant l'on s'est si peu accordé sur la véritable essence de ce sentiment, que les égoïstes qui se piquent de philosophie ont conclu que *la patrie est partout où l'on est bien*.

Cette maxime n'est pas seulement repoussante par sa sécheresse, elle est inadmissible par sa fausseté.

L'amour de la patrie se compose à la fois de l'habitude, du bien-être et des premières impressions. A force de voir les mêmes objets, on s'identifie avec eux, et il semble, parce qu'on les connaît mieux, qu'on en est mieux connu. Ils sont presque une possession pour vous, et cette idée peu à peu se transforme en une affection profonde, parce qu'il est naturel d'aimer ce qui nous appartient, ou du moins ce dont nous avons la jouissance.

Le bien-être vient encore renforcer ce sentiment. Celui qui trouve dans un pays une existence douce, des amis, des appuis, des consolations, des distractions selon ses goûts, des plaisirs selon son cœur, aura pour sa patrie la même reconnaissance que l'obligé pour son bienfaiteur. La souffrance même ne fait qu'ajouter à cette affection. On aime ce qui nous a coûté. C'est dans cette patrie que nous avons éprouvé les pertes les plus douloureuses : nos parents, nos amis, notre fortune, nous avons tout perdu ; il nous a fallu vaincre le sort funeste à force de courage et de persévérance ; nous n'avons rétabli nos affaires qu'en déployant toutes nos facultés, qu'au moyen du travail le plus ingrat : eh bien ! tout cela nous a liés de plus près à cette terre de souffrance, et quand nous parlons d'elle, ce n'est qu'avec des larmes arrachées par la souffrance et l'attendrissement.

Enfin les premières impressions ont une influence à ne point dédaigner. Tant que l'homme est jeune et que sa force de sentir n'est point encore émoussée, tout, dans sa patrie, lui semble plus beau, le touche davantage. Le coucher du soleil y est plus splendide, le feuillage plus frais, la vie plus belle. Le sourire d'un ami lui est le garant d'une protection plus certaine, une belle action l'émeut plus profondément là qu'ailleurs. Ce qui le rend heureux et fier de sa patrie lui paraîtrait ridicule, arbitraire, mesquin, s'il le voyait à l'étranger; mais *chez soi*, tout est bien, tout est beau !

Travaillez, enfants ; c'est la loi que vous impose la patrie ; c'est par le travail que vivent toutes les communautés. Jetez les yeux sur une ruche d'abeillles, voyez comme là tout travaille s'agite, prend de la peine ; pas un de ces faibles insectes qui ne s'occupe avec ardeur ; tous ont leur tâche à remplir, leur portion de bien-être à procurer à tous, et quand, le soir venu, ils rentrent dans la ruche, c'est avec le sentiment que rien n'y manque et que la vie de tous est assurée.

La ruche, enfants, c'est la patrie. Les abeilles laborieuses, vigilantes, animées du bien public, voilà les bons citoyens; les mauvais, ce sont les frélons que l'on chasse, les guêpes venimeuses et inutiles dont-il faut se défendre; vous voyez qu'entr'entre eux, mes amis, le choix n'est pas possible. Qnand donc vous rentrerez le soir avec la conscience d'avoir dignement rempli votre journée, félicitez-vous et soyez frères : vous aussi, vous aurez apporté votre part du miel salutaire, vous aussi, vous serez bon citoyen.

PRÉCEPTES
DE MORALE.

Le premier bien de l'homme est la vie, son premier devoir est la reconnaissance envers l'auteur de ce bienfait.

Si les hommes ne peuvent arracher de leur cœur le sentiment de la divinité, il est bien étonnant qu'il puisse s'en trouver qui aient la criminelle audace de jeter un ridicule sur les sentiments religieux, ces sentiments qui font de l'homme un être si noble. Le philosophe qui combat le monstre du fanatisme en le rendant ridicule, rend un grand service à l'humanité; il ramène l'homme à la raison et à la divinité; mais celui qui affecte de mépriser ce qu'il y a de plus sacré pour les hommes, est un être odieux, né pour le malheur du genre humain. Quel sujet donne donc tant de jactance à cet être faible ? Que dirait-il si une fourmi s'avisait d'insulter l'homme ? Ne rirait-il pas de pitié ? L'athée est à la fois bien plus coupable et plus ridicule ; car la distance qui sépare la fourmi de l'homme est moins grande que celle qui existe entre la créature et le Créateur.

Des récompenses et des peines d'une autre vie.

Dieu est juste, et l'âme survit au corps ; il est juste, et c'est à son tribunal qu'il attend le méchant.

Pour me convaincre que Dieu me récompensera ou me punira selon mes œuvres, je n'ai besoin que de remarquer la joie que me donne la vertu, et les remords que me laisse le crime. Pour me convaincre du contraire, prouvez-moi que cette joie n'est qu'une illusion, ces remords des chimères ; prouvez qu'il est égal pour moi de tendre la main à l'infortuné ou de lui plonger un poignard dans le sein. Si mon cœur déteste le crime, pourquoi me rendrait-il coupable? Et s'il rend coupable, Dieu, qui est souverainement juste, pourrait-il se dispenser de le punir? Quoi! je verrai l'affreux Caligula jouir du prix que mérita Aristide par ses vertus ! L'anéantissement serait moins terrible que cette choquante dissonnance.

Mais l'amour de la vertu et les remords du crime ne nous sont peut-être donnés que pour maintenir l'ordre dans le monde et nous empêcher de nous déchirer comme des bêtes féroces? Vil sophiste! Si Dieu ne t'eût fait bon que pour être heureux sur la terre, t'eût-il donné l'esprit, la raison qui servent si souvent à t'affliger? Te eût-il donné le sentiment intime du bien et du mal! du juste et de l'injuste?

Adorons cette main puissante qui nous a fait tant de dons si précieux ; obéissons à notre conscience, guide toujours sûr, et ne faisons jamais a autrui ce que nous ne voudrions pas qui nous fut fait.

L'amour du travail est a la fois l'un des plus grands biens et l'un des premiers devoirs de l'homme; c'est par son Travail que le père de famille procure à ses enfants les secours que nécessitent leurs besoins journaliers; c'est par son

Travail qu'il se trouve à même de payer à son Gouvernement les impôts nécessaires pour salarier les défenseurs de la patrie et ses différents employés ; c'est aussi par lui qu'il laisse à sa famille, au moment où il s'en sépare pour toujours, le souvenir que sa vie n'a pas été celle de l'homme oisif ; aussi, combien ses derniers moments doivent lui être doux ; il a la certitude qu'après sa mort sa mémoire sera en vénération et qu'elle n'éprouvera, comme celle du paresseux, le triste souvenir de son indifférence.

N'oubliez jamais ces grandes vérités, mes chers enfants ; soyez bons, humains, pieux, et ne remettez jamais au lendemain le travail ou la bonne action que vous pourrez faire le jour même.

Ne croyez pas aux revenants, car les morts ne reviennent pas ; aux sorciers et devins, car ce sont des fripons; aux guérisseurs, car ce sont des charlatans ; aux légistes de campagne, car ce sont des usuriers ; aux amulettes, loups-garous et farfadets, car ce sont des superstitions ; aux feux follets, car ce sont des vapeurs ignées ; aux prétendus sorts jetés sur les animaux et les hommes, car les pauvres diables à qui vous attribuez cette puissance infernale n'en savent et n'en peuvent pas plus long que vous. Ce sont toutes chimères qui vous embarrasseraient l'esprit et qui sont indignes d'une raison droite et ferme.

Enfin, mes chers enfants, ne dites pas, en vous comparant aux riches, que la Providence vous a fait naître dans une condition dure et misérable, que leur destin seul est digne d'envie, et que le vôtre est bien à plaindre : pas tant que vous le croyez, mes enfants. La nature ne leur a pas donné deux bouches ni deux estomacs, ni dix sens au lieu de cinq, pas plus qu'à vous. Ils connaissent des ennuis, des alarmes, des insomnies, des langueurs, des remords qui ne vous atteindront jamais. Si vos mets sont plus grossiers, l'appétit les assaisonne ; si votre sommeil est court, il est profond ; si vos travaux sont plus rudes, votre repos est plus doux ; si vos labeurs sont plus accablants, vos bras sont plus robustes ; si vos plaisirs sont moins vifs, la satiété ne les émousse pas. De l'or dans sa bourse, un château, des valets des équipages, des vins fins, une longue enfilée de bois, de vignes, de prairies et de terres, ne font pas qu'un grand soit plus heureux que le plus petit de ses voisins; les titres, les armoiries, les honneurs, les décorations, les parures, ne sont que des signes de vanité et de convention, que l'homme ne tire pas de son propre fonds, et qui s'ôtent le soir, la plupart avec son habit, sans que son corps et son âme en jouissent. Il n'y a que vide et que dégoûts dans tous les plaisirs de la riche oisiveté.

La petite Fanchonnette, fille d'un pauvre paysan, était assise un matin au bord d'une grande route, tenant sur ses genoux une écuelle de lait, dans laquelle elle trempait, pour son déjeuner, des mouillettes coupées dans un gros morceau de pain noir.

Dans le même tems il passait sur le chemin un voiturier qui portait dans sa charrette une vingtaine d'agneaux vivans qu'il allait vendre au marché. Ces pauvres animaux, entassés les uns sur les autres, les pieds garottés et la tête pendante, remplissaient l'air de bêlements plaintifs, qui perçaient le cœur de Fanchonnette, mais auxquels le voiturier ne prêtait qu'une oreille impitoyable. Lorsqu'il fut arrivé devant la petite paysanne, il jeta à ses pieds un agneau qu'il portait en travers sur son épaule. Tiens, mon enfant, dit-il, voilà une maudite bête qui vient de mourir et de m'appauvrir d'un écu. Prends-la si tu veux, pour en faire une fricassée.

Fanchonnette interrompit son déjeuner, posa son écuelle et son pain à terre, ramassa l'agneau, se mit à le regarder d'un air de pitié. Mais elle eut bientôt un peu d'espoir; car la pauvre bête ouvrit les yeux, et se mit à pousser deux faibles cris *bé! bé!*

Il a peut-être faim, pensa l'enfant, et aussitôt elle essaya de lui faire boire un peu de lait. L'agneau qui en effet se mourait d'inanition ne tarda pas à revenir à la vie; dès qu'il eut bu, il se dressa sur ses pattes, et se mit à faire entendre de nombreux *bé! bé*, comme s'il eût voulu témoigner sa reconnaissance à la bonne Fanchonnette, et celle-ci en fut si joyeuse, qu'elle lui fit boire tout le reste de son lait, puis elle prit l'agneau dans ses bras, courut à sa maison, et le présenta à sa mère. Bébé, c'est ainsi qu'elle l'appelait, devint dès ce moment, l'objet de tous ses soins. Elle partageait avec lui le pain qu'on lui donnait pour ses repas ; elle ne l'aurait pas troqué, lui tout seul, contre le plus grand troupeau du village. Bébé fut si reconnaissant de son amitié, qu'il ne la quittait jamais d'un seul pas. Il venait manger dans sa main ; il bondissait autour d'elle ; et, lorsqu'elle etait obligée de sortir sans lui, il poussait les bêlements les plus plaintifs. Dieu, qui voulait payer Fanchonnette de sa bonté, ne s'en tint pas à cette récompense. Bébé produisit de petits agneaux, qui en produisirent d'autres à leur tour ; en sorte que peu d'années après, Fanchonnette eut un joli troupeau, qui nourrit de son lait toute la famille, et leur fournit, de sa laine, les meilleurs vêtements.

L'ADVERSITÉ
ET LA
PROSPÉRITÉ.

L'Adversité et la Prospérité, toutes les deux filles de la Providence, s'étant perdues à Tyr, capitale de la Phénicie, s'installèrent dans la maison d'un riche marchand nommé Vélasco.

L'aînée, c'est-à-dire la Prospérité, était belle comme l'aurore d'un jour sans nuages, et gaie comme le retour du printemps; mais sa sœur était triste et privée des charmes qui séduisent tous les cœurs.

Vélasco avait deux fils, Félix et Uranio. L'un et l'autre étaient destinés au commerce, quoiqu'ils eussent reçu une brillante éducation. Elevés, grandis ensemble, l'amitié la plus tendre les unissait depuis leur enfance. Mais la plus terrible de toutes les passions, fut sur le point de les désunir à jamais : les deux frères étaient follement épris des grâces de la Prospérité qui, les flattant tour à tour, feignit adroitement de ne vouloir se marier qu'en même temps que sa sœur, dont elle ne pouvait, dit-elle, se séparer.

Vélasco, instruit de l'aveugle passion de ses fils, et craignant tout de la violence de leur caractère, les força de s'en rapporter au sort sur le choix de la compagne qui devait leur tomber en partage. Un serment solennel avait précédé cet engagement.

Une urne d'or contenait le nom de chaque sœur. Félix, en sa qualité d'aîné, tira le premier; la Prospérité devint sa femme; l'Adversité, celle d'Uranio. Peu de temps après Vélasco mourut. Par son testament, il léguait à Félix la plus grande partie de son immense fortune. Celui-ci, au comble de la joie, acheta pour son aimable compagne de riches étoffes et des diamants d'un grand prix, lui fit bâtir un palais magnifique au milieu d'un parc d'une vaste étendue, creuser des canaux dans des jardins qui descendaient et serpentaient ; en un mot, il volait au-devant des désirs de cette beauté céleste qui ne marchait que de surprise en surprise. A son approche s'élevaient de tous côtés, comme par enchantement, des *kiosques,* des *verandah,* des *villas,* même des temples, où l'encens fumait nuit et jour en son honneur. Felix recevait à sa table les personnes de distinction, multipliait les concerts, les danses, les parties de chasse, et déployait à chaque instant un luxe inconnu jusqu'alors dans la capitale de la Phénicie. Il traita ses parents, gens obscurs pour la plupart, comme des étrangers, s'éloigna de ses amis d'enfance ; et la vue même de son frère, blessant son amour-propre, il le chassa honteusement de sa maison.

Mais de même qu'un torrent impétueux, s'il n'est arrêté par des digues puissantes, entraîne tout sur son rapide passage, de même le fleuve de la fortune sort de son lit, s'il n'est dominé par une sage économie.

En peu d'années, les prodigalités de Félix engloutirent ses immenses richesses; ses nombreux magasins se trouvèrent complètement vides, et d'impitoyables créanciers s'emparèrent même de son mobilier. Alors il eut recours aux nobles, aux grands personnages que tant de fois il avait festoyés, régalés, comblés de riches présents. Mais sa voix plaintive ne trouva point d'échos, et chacun l'accueillit comme un mendiant étranger. Les amis qu'il avait dédaignés le raillèrent tour à tour, sa femme même l'accabla d'injures, le frappa cruellement et s'enfuit. Cependant il était tellement soumis à l'empire de ses charmes trompeurs, qu'il la poursuivit longtemps en poussant des cris lamentables. Il allait l'atteindre, la serrer dans ses bras quand elle fit un faux pas, et laissa tomber son masque éblouissant.

Félix, à l'aspect de la figure livide et fanée de la Prospérité, recula d'horreur en poussant un profond soupir et s'évanouit. L'illusion était enfin détruite. Hélas! sa femme perfide était aussi laide, aussi difforme qu'elle lui avait paru séduisante et douée de toutes les grâces de la jeunesse.

On ne connaît pas au juste la suite des aventures de Félix. Plusieurs croient qu'il passa en Égypte, et qu'il y mourut dans une profonde misère.

Maintenant revenons à son frère Uranio, qu'il avait eu la lâcheté de mettre à la porte de son palais. L'Adversité malgré la haine et l'horreur qu'elle lui inspirait, ne le quitta pas un seul instant. Pour comble d'infortune, il reçut la nouvelle que son plus riche vaisseau avait été capturé par un pirate; qu'un autre, chargé de marchandises, avait fait naufrage; enfin que le banquier chez lequel il avait déposé une grosse somme d'argent s'était embarqué pour la Sicile afin de se soustraire aux poursuites de ses nombreux créanciers Rassemblant quelques rares débris de sa fortune, il s'expatria pour jamais. L'Adversité lui servit de guide. Après une marche longue et pénible à travers des chemins peu fréquentés et difficiles, des plaines arides, des forêts immenses, ils arrivèrent à un petit village situé sur le flanc d'une montagne, dont la crête déchiquetée et bleuâtre s'allongeait d'un bout à l'autre de l'horizon. Uranio et sa femme y firent un assez long séjour. L'Adversité, pour chasser de l'esprit de son mari ses noirs chagrins et le souvenir de ses longues fatigues, prit un air moins sombre et moins sévère, lui enseignant le mépris des richesses, la crainte de Dieu et l'amour de tous ses semblables : « Je suis, lui dit-elle, cette fille de la Providence, qui procure la véritable gloire en éprouvant les hommes par le malheur. Quand l'araignée se trouve en danger, elle se laisse tomber subitement le long de ses filets, se cache sous son tissu le plus serré; de même l'esprit que j'afflige se replie sur lui-même, dérobant à tous les regards ses tumultueuses émotions. C'est à mon école que Socrate, Timoléon, Caton et tant d'autres illustres mortels ont acquis cette grandeur et cettte force d'âme qui les ont rendus dignes de l'admiration de leurs contemporains et des siècles futurs. La Prospérité, ma séduisante, mais perfide sœur, livre souvent aux étreintes de la misère, aux remords déchirants, ceux qu'elle a le plus préférés. Mes prétendues victimes, au contraire finissent par goûter les douceurs du repos qui fuit l'ambition. Une âme pure n'a point d'insomnies: une cabane, un lit de joncs et du pain bis sont préférables aux palais somptueux où le crime et la débauche se roulent envain sur le moelleux duvet des oiseaux du nord.

Uranio prêtait une oreille attentive aux paroles de l'Adversité. Plus il la contemplait, moins il la trouvait hideuse. Son aversion, qu'il croyait invincible, s'évanouit même tout à fait. Enfin, ayant suivi exactement les conseils de sa triste compagne, le sourire revint sur ses lèvres pâles et contractées. Cette directrice extraordinaire lui répétait souvent la maxime d'un célèbre philosophe : « Plus les besoins de l'homme sont nombreux, plus il doit invoquer humblement le secours des immortels. » Elle ajoutait : abaisse les regards sur de plus grandes infortunes que les tiennes, au lieu de les porter çà et là sur le petit nombre de ceux qui vivent dans l'opulence et la splendeur. Ne demande point aux dieux les richesses et les honneurs frivoles, mais prie-les instamment de te rendre vertueux. Puissent-ils t'accorder un sort paisible, une vie longue et sans reproches, une mort calme et pleine d'espérance ! »

L'Adversité, trouvant chaque jour Uranio plus soumis à sa destinée, bien qu'il ne fût épris ni de la figure. ni des caresses de sa compagne, elle lui parla de la manière suivante :

« De même que le feu purifie l'or, de même l'Adversité purifie le cœur des hommes. Ma tâche est remplie, Uranio, et je vais vous quitter pour jamais. Votre frère, dont vous avez tant envié le sort, après avoir expié l'erreur de son choix, n'a pu s'y soustraire qu'en descendant au tombeau. Votre lot, au contraire que vous avez maudit, vous a procuré la tranquillité de l'âme et vous prépare lentement à une mort exempte de toute inquiétude. »

En finissant ces mots, elle disparut dans les airs, au milieu d'un nuage de pourpre et d'azur.

Mais bien que ces traits, en ce moment, fussent moins repoussants et respirassent la douceur et la bonté, Uranio loin de la regretter, sourit à sa disparition aérienne; car, malgré tous ses efforts, il n'avait jamais pu l'aimer sincèrement. Toutefois, il n'en suivit pas moins ses conseils et devint parfaitement heureux. S'étant de nouveau livré au commerce, il acquit une fortune suffisante pour passer tranquillement le reste de ses jours au fond d'une charmante campagne, où il fit construire une commode maisonnette, entourée d'arbres touffus sous l'ombrage desquels des millers d'oiseaux gazouillaient et voltigeaient librement. Un ruisseau promenait ses eaux limpides autour de cette riante habitation. Après avoir étouffé dans son âme régénérée tous les élans de l'aveugle ambition, Uranio ne s'occupa plus que de jardinage, de culture et d'autres travaux rustiques.

Au-dessus de sa porte il avait lui-même écrit :

« Sous ce toit de chaume descendent tour à tour l'auguste vérité, la douce paix, la véritable liberté que la vertu se plaît à couronner de ses mains virginales. Vous qui rougissez en approchant de ce modeste séjour, nommez un palais où l'on puisse citer des visites aussi glorieuses ! »

Le frère de l'aveugle Félix, après avoir atteint une vieillesse très-prolongée, emporta dans la tombe l'estime et les regrets de tous ceux qui l'avaient connu.

Exemple de générosité.

Quelques jours avant le passage du Granique, Alexandre fut saisi d'une fièvre très-dangereuse qui l'empêcha, pendant quelques jours, de suivre ses opérations militaires. L'ennemi en fut informé, et, dans l'espérance de retarder sa marche ou de l'épouvanter par de fausses alarmes, on lui fit tenir, par un espion, une lettre dans laquelle on lui donnait avis que Philippe, son médecin, voulait l'empoisonner. Au moment où Alexandre venait de recevoir cet écrit, Philippe entra dans sa tente, tenant une potion propre à guérir le héros. D'une main, Alexandre tira la lettre de dessous son chevet, la donna à lire à son médecin, et de l'autre prit la coupe qu'il lui présentait. Tandis que Philippe lisait cet écrit calomnieux sans pâlir, Alexandre, le regard fixé sur son médecin, avalait le breuvage sans méfiance.

Qu'une rivalité ou qu'une mésintelligence fâcheuse ne vous pousse pas à nier le mérite dû aux autres ; un de vos adversaires a-t-il bien agi, sachez l'avouer hautement ; le bien est-il moins bien parce qu'il vient d'une personne que vous n'aimez pas ?

———

Marie-Thérèse, impératrice d'Autriche, consulta un jour son ministre d'état, M. de Kaunitz, pour savoir à qui elle devait confier le département de la guerre. Il lui nomma un officier-général qu'il n'aimait pas. L'officier est appelé ; il sait qu'il doit sa nomination au premier ministre : il fait des démarches pour se rapprocher de lui. « Non, dit M. de Kaunitz, j'ai rendu à son mérite un témoignage impartial, j'ai obéi à la voix de ma conscience ; mais, libre dans mes affections particulières, je ne veux pas plus vivre avec lui que je ne le voulais avant son élévation.

On sait qu'entre Voltaire et Fréron régnait une guerre acharnée, et que mutuellement ils ne s'épargnaient pas les injures. Cependant, un jour, Voltaire fut consulté par un jeune écrivain sur une question littéraire de quelque importance. Adressez-vous, dit l'auteur de la Henriade, à ce coquin de Fréron ; lui seul peut répondre à ce que vous demandez. »

Chacun à des défauts, il n'est personne ici-bas qui n'ait besoin de quelque *indulgence*. La jeunesse surtout abonde en écarts ; d'ordinaire elle est vaine, étourdie, emportée. S'il ne se trouvait pour elle que des gens impitoyables, les corrections, les reproches seraient continuels. Ce que l'on fait pour vous, faites-le de même pour les autres ; prenez de bonne heure cet esprit de douceur dont vous aurez besoin toute votre vie, car les hommes sont toujours faibles par quelque côté ; vos parents, vos maîtres, vos amis, tous ont quelque point repréhensible ; accoutumez-vous à les dissimuler à vos yeux.

Mais, dites-vous, s'il s'agit d'injures, d'offense ? On m'a attaqué, on m'a blessé dans ce que j'aime, on m'a frustré dans ce que je possède. — L'on a eu tort, sans doute, et vous avez bien fait de le donner à sentir ; mais vous conservez le souvenir de cette offense, vous parlez de vous venger et vous attendez une occasion favorable ! Ici, vous dirai-je, arrêtez. La vengeance marquerait votre petitesse ; êtes-vous bien sûr que ce n'est pas vous qu'il faudrait punir, que ce n'est pas vous qui avez provoqué l'injure ? celui qui vous l'a faite n'était-il point aveuglé par la colère, la passion ? avait-il, comme vous l'avez en ce moment, tout l'usage de sa raison, l'intelligence parfaite du bien et du mal ? avez-vous calculé les chances de votre acte ? Prenez garde ! jusqu'ici vous êtes dans vos droits, vous avez même une immense supériorité sur l'offenseur ; laissez-lui tout le poids de sa faute, et n'allez pas faire qu'il se croie innocent après qu'il l'aura expiée par votre vengeance. C'est assez vous venger que de persuader votre offenseur du pouvoir que vous en avez. Ouvrez-lui les bras, et il deviendra votre ami : reponssez-le et frappez, vous consacrerez sa haine.

Devoirs envers les pères et les mères.

En ouvrant les yeux à la lumière, vous vous vîtes accueillis par des âmes tendres et vigilantes; le salut de bienvenu vous fut donné par votre père dans l'alégresse ; votre mère, encore souffrante, vous pressa sur son sein.

Peut-être étiez-vous déjà précédés dans ce monde par des frères et des sœurs : tous vous ont souri, tous se sont sentis joyeux du nouvel hôte que Dieu leur envoyait. Cette joie, ces affections si promptement développées, voilà l'ornement de cette première société où passe votre enfance. Pour la société la plus sévère du monde, c'est une transition douce et riante, c'est un préliminaire utile; car ce doit être pour vous l'apprentissage des vertus. Le foyer domestique est votre première école de morale; c'est là que vous prenez l'habitude de la bonté, de l'amour du respect, de la docilité. Vos parents sont vos premiers instituteurs, et la reconnaissance devait vous dicter les devoirs de fils, si la nature déjà ne vous les inspirait; mais votre cœur a depuis longtemps parlé et en vous disant quels sont ces devoirs, je ne vous apprendrais rien de neuf.

M. S***, conseiller au parlement de Paris, et possesseur d'une fortune assez considérable, perdit un ami intime, qui, en mourant, ne laissa que des dettes à deux enfants en bas âge, sans ressources, sans espérances. M. S***, qui regarde ces infortunes comme un legs de l'amitié, conçoit le projet de réparer envers eux l'injustice du sort; mais ne voulant pas les enrichir aux dépens de ses héritiers légitimes, il retranche son train, quitte le superbe appartement qu'il occupait, pour en prendre un plus modeste et peu coûteux dans uns des faubourgs des Paris, d'où, tous les jours, il venait, suivi d'un domestique, remplir au palais les devoirs de sa charge. Cette prompte réforme, ce changement soudain dans sa manière de vivre, exposèrent bientôt M. S*** à tous les soupçons; on l'accusa d'avarice, de mauvaise conduite; enfin, il se vit en butte à toutes les calomnies. Constant dans son projet, au dessus de la calomnie, et n'écoutant que son cœur, pendant deux ans entiers, il mena la même existence. Au bout de ce temps, il reprit son hôtel, ses équipages, et reparut dans le monde avec tout l'éclat de l'opulence. Mais il avait amassé par de simples privations, sans toucher à sa fortune, une somme de vingt-mille francs, qu'il plaça au profit des enfants de son ami. Ce fut ainsi que M. S*** sut accorder la *justice* et la *bienfaisance*.

Le seigneur d'Ispahan.

Méhémed-Medji était un des plus riches particuliers d'Ispahan, l'ancienne capitale de la Perse, et de plus un mangeur d'opium fort distingué. Vous n'ignorez pas à quel degré les Orientaux portent leur passion pour cette substance, et la béatitude indicible qui suit l'usage qu'ils en font. Sir John Malcolm prétend, dans ses Esquisses sur la Perse, avoir reconnu à Chiraz un gouverneur nommé Méht-Reja Khan, qui, à l'âge de soixante-huit ans, consommait par jour une quantité d'opium suffisante pour empoisonner trente personnes.

Je ne sais si notre Medji portait aussi loin sa consommation d'opium ; ce que je puis vous dire, c'est que son amour pour lui était un fanatisme. Chaque soir, après le coucher du soleil, il se faisait transporter sur la terrasse de son palais. Là, reposé mollement sur des coussins de soie, et respirant le parfum des roses, abrité sous les mangliers dont la cime arrivait jusqu'à la terrasse et se recourbait sur sa tête, il procédait à sa première prise d'opium.

A cette heure de joie, tout était plaisir pour le seigneur Medji. Les moindres accidents se paraient pour lui de toutes les grâces de la gaîté ; chaque incident de la soirée, tant son imagination les savait colorer, lui semblait autant de joyeux sujets de rir. Donc, de ces divertissements, le plus cher au seigneur Medji, était la vue d'un pauvre savetier de ses voisins, apparemment grand amateur d'opium, mais trop pauvre, hélas! pour s'en procurer. Les grimaces envieuses du misérable pendant que le seigneur avalait la somnolence rêveuse de ses fantastiques images du délire, ne se peuvent à nulle autre comparer et réjouissaient fort le sybarite.

Le Renard invita un jour la Cigogne à dîner et ne lui servit que de la bouillie fort claire dans un plat. L'animal au long bec n'en put goûter, et le drôle lapa tout dans un instant. La Cigogne, pour se venger du tour que lui avait joué le Renard, l'invita à son tour, quelque temps après, et lui servit un hachis de viande dans une bouteille dont le goulot était long et étroit. Allons, compère, point de façons, dit la cigogne, faites, je vous prie, comme si vous étiez chez vous. Et en même temps elle se mit à manger de bon appétit. Le Renard, qui ne pouvait que lécher le dehors de la bouteille, se retira tout honteux et mourant de faim. — Attendez-vous à la pareille.

Le Lion et le Rat.

Un Lion dormait à l'ombre d'un arbre. Un Rat monta étourdiment sur son corps et le réveilla. Le Lion l'avait attrapé, le pauvre malheureux avoua d'abord son imprudence et lui demanda pardon.

Le Roi des animaux ne voulut point se déshonorer en le tuant, mais il lui donna la vie et le laissa aller. Ce bienfait ne fut point perdu. Quelque temps après, le lion tomba dans des filets, et ne pouvant s'en débarrasser, il remplit la forêt de ses rugissements. Le Rat accourut; reconnaissant son bienfaiteur, il se mit à ronger les mailles des filets, et l'en délivra.

Ne punissez pas une petite faute, quoique vous le puissiez: votre clémence vous attachera celui que vous aurez pardonné.

Une femme et sa poule.

Une certaine femme avait une poule qui lui pondait chaque jour un œuf. Elle s'imaginait que si elle nourrissait mieux sa poule et l'engraissait davantage, elle lui pondrait tous les jours pour le moins deux ou trois œufs.

Mais il arriva que la poule devint trop grasse et cessa entièrement de pondre.

Ceux qui veulent trop gagner se ruinent par les fausses mesures qu'ils prennent pour s'enrichir.

La Cigale et la Fourmi.

La Cigale ayant chanté
Tout l'été,
Se trouva fort dépourvue
Quand la bise fut venue.

Pas un seul petit morceau
De mousse ou de vermisseau.
Elle alla crier famine
Chez la fourmi sa voisine,
La priant de lui prêter
Quelque grain pour subsister
Jusqu'à la saison nouvelle.
Je vous paierai, lui dit-elle,
Avant l'août, foi d'animal,
Intérêt et principal.
La Fourmi n'est pas prêteuse :
C'est-là son moindre défaut.
Que faisiez-vous au temps chaud ?
Dit-elle à cette emprunteuse.
Nuit et jour, à tout venant,
Je chantais, ne vous déplaise.
Vous chantiez ! j'en suis fort aise.
Eh bien ! dansez maintenant.

IMP. DE MOQUET ET HAUQUELIN RUE DE LA HARPE, 90

mo
a gloi
t vou
omm
pren
avez l
uir d
u vou
 avoi
riant,
rbleu,
st fait,
crimi
e, vous
songer
h bien,
passer
oisirez
ez tous
istérie
et, vos
le plus
de, vous
bourse,
à Saint-

www.ingramcontent.com/pod-product-compliance
Lightning Source LLC
Chambersburg PA
CBHW070532100426
42743CB00010B/2053